El medio ambiente
Un mundo de cambio

Dona Herweck Rice

Asesoras

Sally Creel, Ed.D.
Asesora de currículo

Leann Iacuone, M.A.T., NBCT, ATC
Riverside Unified School District

Créditos de imágenes: pág.16 (superior) Steve Bloom Images/Alamy; pág.10 (superior) Stocktrek Images, Inc./Alamy; págs.10–11 (fondo), 11 (superior), iStock; pág.22 Andrew Rakoczy/Science Source; pág.20 Dan Guravich/Science Source; pág.3 Scott Linstead/Science Source; pág.24 Tom McHugh/Science Source; págs.28–29 (ilustraciones) Janelle Bell-Martin; todas las demás imágenes cortesía de Shutterstock.

Teacher Created Materials
5301 Oceanus Drive
Huntington Beach, CA 92649-1030
http://www.tcmpub.com
ISBN 978-1-4258-4662-6
© 2017 Teacher Created Materials, Inc.
Printed in China
Nordica.082019.CA21901100

Contenido

Contar con el cambio 4

Un mundo de naturaleza 6

Un mundo de seres vivos 12

¡Se va, se va, se fue! 18

Hoy y todos los días 26

¡Hagamos ciencia! 28

Glosario 30

Índice 31

¡Tu turno! 32

Contar con el cambio

Algunas personas dicen que lo único que permanece igual es el cambio.

En este mundo, el cambio es algo con lo que podemos contar. Lo que está aquí hoy puede haber desaparecido mañana. O, si no ha desaparecido, es posible que no sea igual. El día se convierte en noche. Las semillas, en plantas. El alimento, en desechos. ¡Y tú creces y te conviertes en adulto!

Sí, puedes contar con eso. ¡El cambio está aquí para quedarse!

La noche se convierte en día.

Los niños crecen y se convierten en adultos.

Las semillas se transforman en plantas.

Un mundo de naturaleza

Comencemos por el mundo grande que nos rodea. Nuestra tierra, agua y aire parecen bastante definidos. Es difícil imaginar que cambian. Pero lo hacen.

El agua cambia la tierra.

El ciclo del agua

El agua en el ciclo del agua está en todas partes: en la Tierra, dentro de esta y encima de esta.

Agua

El agua es parte de un ciclo que está en constante cambio. El agua en su estado líquido se calienta y se convierte en vapor. El vapor sube al aire. Se enfría y vuelve a la Tierra como lluvia y nieve. O se congela y se convierte en hielo. La **temperatura** cambia el estado del agua. Cambia y cambia un poco más. ¿Quién sabe? ¡El agua en la que nadas hoy puede estar compuesta en parte por el agua en la que te bañaste el año pasado!

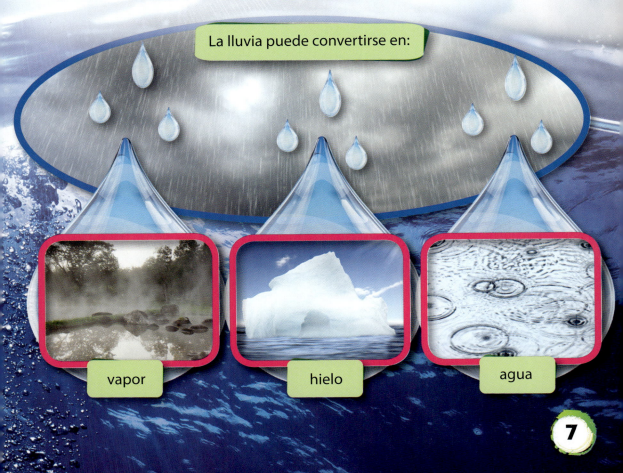

La lluvia puede convertirse en:

vapor   hielo   agua

Rocas

Las rocas parecen ser bastante sólidas, ¿no es así? Es difícil imaginar que cambian. Pero lo hacen, por supuesto. Se desintegran y se unen.

Las rocas pueden desintegrarse, pedacito a pedacito. Ocurre a través del **desgaste**. Es decir, el proceso mediante el cual el viento y el agua desintegran las rocas. Estas se convierten en **sedimento**. Los sedimentos son pedazos y partes de rocas, tales como grava, arena y polvo. Cuando el viento o el agua mueven el sedimento, se llama **erosión**.

El calor y la presión también pueden causar que las rocas cambien. Algunas rocas se funden para crear magma cuando se calientan. Algunas cambian de un tipo de roca a otra. También se pueden formar rocas nuevas cuando se comprimen los sedimentos.

magma

Volcanes y terremotos

La Tierra siempre se está moviendo. Pero el suelo en sí también se mueve. La capa superior del suelo está compuesta de **placas**. Las placas chocan y se deslizan entre sí. Generalmente no sentimos ni vemos la mayor parte de este movimiento. Pero algunas veces lo sentimos, ¡y de qué forma! Los terremotos pueden emitir un sonido sordo y los volcanes pueden entrar en erupción cuando las placas se mueven. Cuando esto ocurre, el mismo suelo cambia de forma.

El monte Estrómboli, en la costa de Italia, ha estado en erupción ¡durante 2,000 años!

inundación

Incendios e inundaciones

Los incendios y las inundaciones son una parte normal de la naturaleza. La naturaleza elimina las plantas muertas y viejas mediante incendios. Las inundaciones también ocurren todo el tiempo. Pueden mover grandes cantidades de tierra y arrancar árboles y plantas. Cambian la forma de la tierra.

Un mundo de seres vivos

Cada ser vivo en la Tierra también cambia. Las cosas cambian todos los días. Ese es el ciclo de la vida.

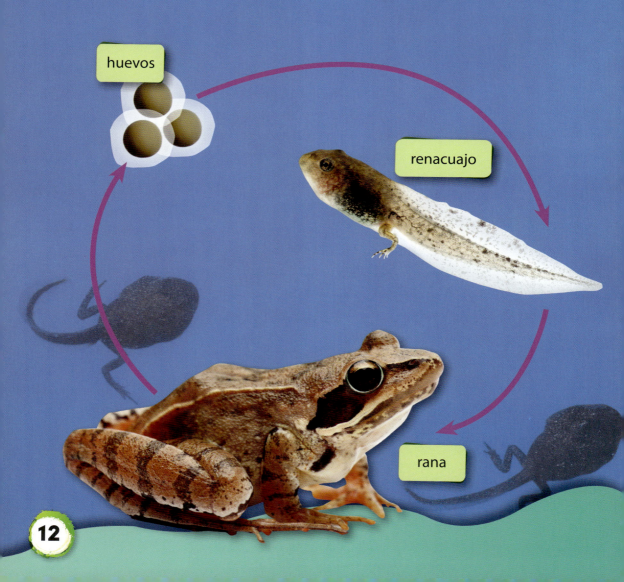

Crecimiento

Las semillas crecen. Los cachorros crecen. Los bebés crecen. Los seres vivos comienzan jóvenes y nuevos. Crecen y crecen cada día hasta que alcanzan la **madurez**. La madurez es cuando están completamente crecidos. Para las personas, esto lo llamamos la *adultez*.

Incluso cuando los seres vivos han crecido hasta su máximo tamaño, siguen cambiando. Están compuestos de células. Las células mueren y nuevas células crecen en todo momento. Las plantas tienen nuevas hojas y brotes. A las personas les sale nueva piel y cabello, y producen sangre nueva. Mientras viven, los seres vivos crecen y cambian.

La palma de aceite dura de tres a cuatro años en alcanzar la madurez.

Muerte

Por supuesto, los seres vivos no viven para siempre. Algunos viven un tiempo corto, como la efímera, que vive solo un día. Algunos viven miles de años, como los árboles de álamo temblón. Pero una enfermedad, un accidente o la edad finalmente acaban con todas las vidas y el crecimiento se detiene.

Cuando un ser vivo muere, el cuerpo se **descompone**. Se desintegra y se convierte en **nutrientes** para la tierra. Esto **nutre** nuevas plantas y ayuda a que continúe la vida en la Tierra.

Vegetación submarina

¡Los científicos han descubierto vegetación submarina que tiene más de 100,000 años!

Todos los seres vivos mueren.

15

Nueva vida

Pero la muerte no es el final de la historia. La nueva vida comienza en todo momento. Las plantas mueren, pero las semillas crecen en su lugar. Los animales mueren, pero animales jóvenes ocupan su lugar. Las personas mueren, pero nacen bebés todos los días.

Estos oseznos crecerán algún día.

El proceso de la vida, la muerte y una nueva vida se denomina el *ciclo de la vida*. Sucede una y otra vez. Mientras los seres vivos tengan el agua, el alimento y el espacio que necesitan para vivir, la vida continúa.

Por supuesto, si no tienen lo que necesitan, es otra historia.

Una mamá flamenco cuida de su polluelo.

Las focas deben vivir cerca del agua.

¡Se va, se va, se fue!

Un ser vivo se llama *organismo*. Cada ser vivo forma parte de un hábitat. Este es el área donde vive. Tiene lo que necesita para vivir bien. Un organismo vive en su hábitat porque es adecuado para tener una vida buena y saludable. El alimento, el agua, el tiempo

Los pingüinos necesitan un hábitat frío.

atmosférico y el refugio adecuados están ahí. El aire y el agua están limpios. El organismo necesita estas **condiciones** para seguir siendo el mismo. Su cuerpo está hecho para ellas.

Algunas veces, las condiciones de la naturaleza cambian. El tiempo atmosférico puede volverse más caluroso o más frío con el tiempo. La tierra puede cambiar por el movimiento de las placas, incendios o inundaciones, entre otras cosas. Las fuentes de agua pueden secarse. Las fuentes de alimento pueden desaparecer.

Los osos polares se han **adaptado** para vivir en lugares fríos. Tienen dos capas de pelaje y cuatro pulgadas de grasa para mantenerse abrigados.

Los organismos de un hábitat deben adaptarse. Deben cambiar para manejar las nuevas condiciones. O deben mudarse a un nuevo lugar. Si no hacen una de estas cosas, probablemente morirán.

Los camellos se han adaptado para vivir en lugares muy secos. Tienen jorobas llenas de grasa que pueden usar cuando hay escasez de alimento y agua.

A veces, no es la naturaleza sino las personas las que cambian un hábitat. Contaminamos la tierra, el agua y el aire. Destruimos hábitats para construir caminos, viviendas y negocios. Introducimos organismos que no pertenecen a ese hábitat y que cambian el equilibrio de la naturaleza allí. Estos dañan a los seres vivos. Las plantas no autóctonas pueden desplazar a las plantas autóctonas y causar peligros adicionales de incendio.

Líos con coyotes

En algunos lugares, los coyotes son un problema para las personas. Pueden atacar y comerse a las mascotas. Pero las personas han invadido el hábitat de los coyotes y les han quitado las fuentes de alimento. Los coyotes se están adaptando a las nuevas condiciones.

A medida que la población crece, nos desplazamos hacia los hábitats de los animales y de las plantas. Ocupamos sus hogares, y es posible que no tengan a dónde ir.

Las personas talaron este bosque. Es posible que haya sido el hogar de muchos animales.

Ya sea a causa de la naturaleza o de las personas, algunos animales y plantas corren el riesgo de no sobrevivir. Se convierten en especies **en peligro de extinción**. Si no pueden sobrevivir, se extinguen. Significa que desaparecen para siempre.

Dragones

Un pequeño lagarto llamado *Draco volans* tiene grandes pliegues de piel. Estos pliegues le permiten planear hasta por 30 pies. Parece un dragón, ¡pero no escupe fuego!

Muchos tipos de plantas y animales que solían vivir en la Tierra ahora están extintos. Los más conocidos de esos quizás sean los dinosaurios. En una época, los dinosaurios dominaban el mundo. Ahora, sus huesos son los únicos recordatorios que tenemos de la vida de hace muchos años.

Los científicos dicen que las aves pueden estar relacionadas con los dinosaurios.

Hoy y todos los días

Así que, la vida y el planeta Tierra siguen su marcha. Hay nacimiento y crecimiento, muerte y nueva vida. Hay incendios, inundaciones y movimiento, y el paisaje cambia.

El cambio es parte de la vida y parte de la Tierra. Cuando nos levantamos cada día, sabemos que en ese día y todos los días de ahí en adelante habrá cambios.

De hecho, ¡podemos contar con ello!

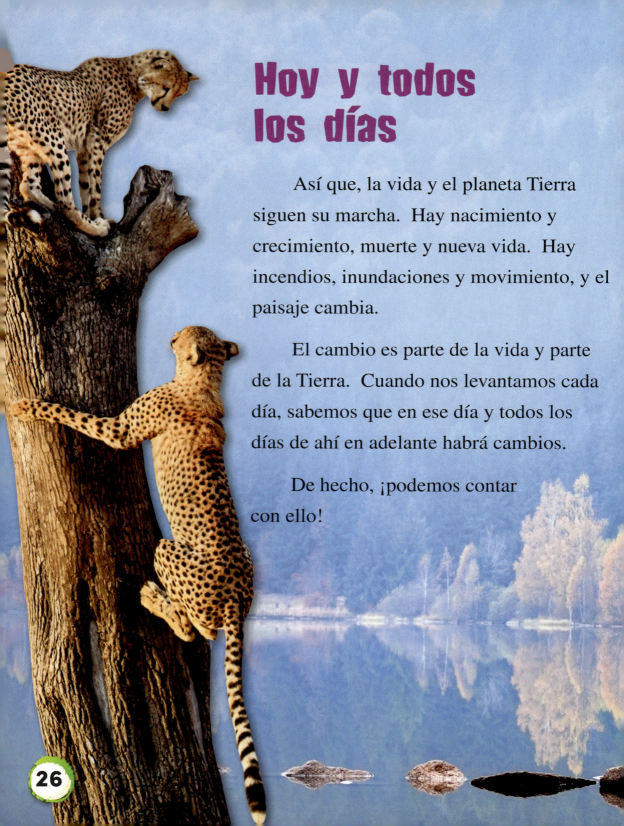

¿Cómo crees que este volcán en erupción cambiará la tierra a su alrededor?

¡Hagamos ciencia!

¿Cómo cambian los seres vivos? ¡Obsérvalo por ti mismo!

Qué conseguir

- agua
- maceta con tierra para cultivo
- papel y lápiz
- semillas de rápido crecimiento, como habas

Qué hacer

1 Siembra algunas semillas en la tierra y agrega agua.

2 Coloca la maceta en un lugar soleado.

3 Observa la maceta todos los días a la misma hora, y agrega agua si es necesario. Dibuja lo que ves.

4 Sigue observando y dibujando diariamente. ¿Qué cambios observas?

Glosario

adaptado: modificado para manejar nuevas condiciones

condiciones: circunstancias; cómo son las cosas

descompone: se desintegra lentamente después de la muerte

desgaste: la desintegración lenta de las rocas y los sedimentos

en peligro de extinción: en peligro de desaparecer

erosión: movimiento de rocas desgastadas y sedimento

madurez: la edad del desarrollo completo; adultez

nutre: proporciona alimento para vivir y crecer

nutrientes: sustancias que los seres vivos necesitan para vivir y crecer

placas: grandes secciones de tierra en la capa superior de la superficie de la Tierra

sedimento: pedazo muy pequeño de roca, como arena, grava y polvo

temperatura: la medición del calor en algo

Índice

agua, 6–8, 17–22, 28–29

animales, 16, 23–25

cambio, 4, 6–13, 20–22, 26–29

creces, 4–5, 13–14, 16, 23, 26, 28

en peligro de extinción, 24

incendios, 11, 20, 22, 26

inundaciones, 11, 20, 26

muerte, 14, 16–17, 21, 26

personas, 4, 13, 16, 22–24

placas, 10, 20

plantas, 4–5, 11, 13–14, 16, 22–25

rocas, 8–9

se extinguen, 24

terremotos, 10

volcanes, 10, 27

¡Tu turno!

Descomponer fruta

¿Qué sucede cuando algo se descompone? Averígualo por ti mismo. Busca un pedazo viejo de fruta. Obsérvalo todos los días. Escribe un párrafo sobre lo que ves. ¡Usa muchos adjetivos y adverbios!